Gibt es ein Leben nach dem Tod. So fingen meine Gedanken an. Es war im Sommer 2019 als mein Vater nach langer Krankheit im Urlaub in Österreich verstarb.

Für mich brach eine Welt zusammen und ich fragte mich, wie soll es weitergehen? Ein sehr wichtiger Teil in meinem Leben war weggebrochen. Fast 1.000 km weit weg und ich konnte nicht bei ihm sein. Vor Ort waren meine Mutter, meine Schwester, mein Schwager und die Kinder. Ich war in ständigen Telefonkontakt mit ihnen.

Die ersten Zeichen??

Einen Tag nach dem Tod meines Vaters berichtete meine Mutter mir, dass sie morgens so gegen 7.00 Uhr allein am See stand. Gegenüberliegend ist eine kleine Brücke. Plötzlich hörte sie aus dieser Richtung den Pfiff meines Vaters. Sie drehte sich mehrmals um, aber niemand war zu sehen. Diesen Pfiff hat mein Vater immer gemacht, als meine Schwester und ich klein waren. Wir waren immer auf dem Spielplatz und mussten danach nach Hause kommen. Sie erzählte mir, dass sich dieser Pfiff unheimlich glücklich anhörte. Ich freute mich so für sie. Doch im Innern war ich doch sehr verwirrt und fragte mich, wie ist das möglich?

Da ich durch die starke Trauer nicht in der Lage war zur Arbeit zu gehen, beschloss ich mich im Internet zu belesen, wie es nach dem Tod wohl weitergeht. Ich gebe zu, es war gar nicht so einfach, denn die Trauer erschwerte das Ganze. Ich bin aber dann tatsächlich fündig geworden. Als erstes stieß ich auf den Sterbeforscher Bernard Jakoby, der sich seit Jahren mit dem Thema **„Leben nach dem Tod"** beschäftigt. Interessiert las ich **„die Zeichen aus dem Jenseits"** und ich war fasziniert. Ich muss dazu sagen, dass ich bisher nie an so etwas geglaubt habe.

Eine Woche nach dem Tod meines Vaters, war ich bei meiner Mutter. Wir saßen auf der Terrasse und redeten viel. Es tat gut darüber zu sprechen. Gegen späten Nachmittag musste ich gehen, um meine Tochter von einer Veranstaltung ab zu holen. Als ich zum Auto ging, hörte ich den Pfiff meines Vaters. Ich drehte mich in alle Richtungen. Niemand war dort zu sehen.
War dies ein Zeichen?
Ich habe diesen Pfiff zweifelsfrei erkannt. Völlig verwirrt stieg ich ins Auto und fuhr los.

Liebe verändert die Wahrnehmung

Eine Woche nach diesem Vorfall, war dann die Beisetzung. Ich hatte eine wahnsinnige Angst davor. Die Fahrt zum Friedhof war die Hölle für mich. Als ich in die Kapelle ging, standen mir die Tränen in den Augen. Ich setzte mich hin, und die Trauerrede begann. Ich hatte kein Zeitgefühl, doch plötzlich überkam mich eine Wärme und die komplette Angst war weg. Es fühlte sich voller Liebe an. Erst jetzt wusste ich, die erste Begegnung mit meinem Vater hatte ich bei seinem letzten Gang. Ich war ihm unendlich dankbar dafür. Er hat mir bei dem schweren Weg zur Seite gestanden. Nach der Beisetzung berichteten meine Schwester und meine Tante, dass die Urne die ganze Zeit im Lichtstrahl stand. Ich hatte dies nicht wahrgenommen. Erst als ich mir die Bilder vom Bestatter angesehen habe.

Die Geschichte geht seinen Lauf

Von da an erkannte ich viele Zeichen. Parfümgeruch, Federn an ungewöhnlichen Orten, kribbeln auf der Haut und noch vieles mehr. Ich merkte immer mehr, dass ich offener wurde, um die Momente mit meinem Vater zu genießen. Das ist mir sehr wichtig geworden, denn ich konnte mich nicht von ihm verabschieden.
Das Bedürfnis darüber zu sprechen war sehr groß. Leider entspricht dies nicht unserem Weltbild. Also wohin mit meinen gewonnenen Informationen?
Ich versuchte es als erstes bei meiner Familie. Meine erste Anlaufstelle waren meine Kinder. Ich berichtete beiden von meinen Empfindungen. Mein Sohn (19) trat dem ganzen mit Skepsis entgegen. Sein Kommentar war: „Mama, ich glaube nicht daran." Ich hatte Verständnis dafür, denn bis zu diesem Zeitpunkt dachte ich ja genauso. Meine Tochter (11) dagegen war sich nicht ganz sicher, bis sie die erste „Begegnung " hatte.

Es war an einem Samstag. Wir beide mussten zu einer Feuerwehrveranstaltung. Wie so oft, hatte sie 'mal wieder keine Lust. Etwas wütend ging sie in die Stube. Doch nach kurzer Zeit kam sie wieder und schaute mich mit großen Augen an und sagte: „Mama,

das Bild ist einfach umgefallen. Ich habe es nicht angefasst." Ich fragte: „Welches Bild?" „Na das wo du mit meinem Opi und Oma drauf bist."
Ich erklärte ihr, dass sie ein Zeichen bekommen hat. Der Wink mit dem Zaunpfahl. Die Feuerwehr.
Meinem Vater war das immer sehr wichtig, dass die Kinder zur Feuerwehr gingen. Seine Worte waren: "Feuerwehr ist Gemeinschaft und Gemeinschaft ist in der heutigen Zeit sehr wichtig."
Ich vergewisserte mich, ob alles seine Richtigkeit hat. Das Bild konnte nicht umfallen. Ich bedankte mich bei meinem Vater und wir gingen mit Freude zur Veranstaltung.

Meine nächste Anlaufstelle war meine Mutter. Ich sprach sehr viel mit ihr und erzählte ihr von meinem Wissen. Die ersten Wochen nach der Beisetzung war ich sehr oft bei ihr, um für sie da zu sein. Der Verlust meines Vaters nahm sie sehr viel ein. Doch nach kurzer Zeit berichtete sie von ihren Zeichen. Es knallten bei ihr Birnen durch und sie fand weiße Federn an ungewöhnlichen Orten.

Zum Verständnis:
Man sagt: Weiße Federn sind Zeichen eines Engels oder eines eigenen Schutzengels. Die Weißen haben in der Esoterik eine große Symbolkraft.

Meine Mutter und ich stellten beide fest, dass unsere Trauer erträglicher wurde.
Als nächstes wandte ich mich an meine Schwester. Sie war sehr oft traurig, weil sie das Gefühl hatte

vernachlässigt zu werden. „Warum bekomme ich keine Zeichen?", war oft ihre Frage. Ich erzählte ihr alles was ich wusste. Doch das Ganze gestaltete sich sehr schwierig, denn sie war in vielen Dingen sehr skeptisch. Ich wollte ihr so gerne helfen. Nach einigen Anläufen beschloss ich das Ganze auf sich beruhen zu lassen. Vielleicht brauchte sie einfach mehr Zeit. Scheinbar saß die Trauer sehr tief. Aber wie sagt man so schön, „**Aufgeben ist keine Option**".

Der unverkennbare Duft

Trotz all dieser Zweifel berichtete mir meine Schwester, dass meine Nichte (12) ihren Opa an seinem Duft wahrnimmt. Mein Vater hatte ein besonderes Parfüm. Jean Paul Gauthier. Diesen Geruch erkennt man immer. Auch meine beiden Kinder erzählten mir von so einer Erfahrung. Mein Sohn holte an einem Tag meine Tochter mit dem Auto ab. Beide wollten gemeinsame Fotos machen :)Geschwisterliebe - eine Beziehung für' s Leben. Meine Tochter stand mit dem Rücken gelehnt an ihrem Bruder. Plötzlich vernahm mein Sohn den intensiven Parfümgeruch meines Vaters in ihren Haaren. Nach dem erfolgreichen Fotoshooting :) erzählten beide von diesem Erlebnis. Ich freute mich so, denn mein Sohn hatte dies bemerkt und hegte keinen Zweifel, dass das ein Zeichen war. Super,- ein Anfang war gemacht.

Eine andere Wirklichkeit

Kommen wir mal zu meiner Nichte. Sie hatte ihre eigene besondere Begegnung gehabt. An einem Abend ging sie mit dem Hund Gassi. Auf einmal sah sie meinen Vater in seinem schwarzen Mercedes an ihr vorbeifahren. Aus Reflex winkte die Kleine, doch mein Vater hatte sie nicht gesehen, denn er schaute geradeaus. Voller Freude lief sie nach Hause und erzählte davon. Auch ihrer Oma musste sie von diesem Erlebnis berichten. Als ich von der Geschichte erfuhr, war ich sprachlos. Und wieder ein **Zeichen einer realen Wirklichkeit**? In diesem Moment kam mir die Frage hoch: „Wie geht die schöne Geschichte meines Vaters weiter?"
Wie ihr seht, bin ich noch nicht am Ende des Buches angelangt. Die Geschichte geht unglaublich weiter.

Träume / Traumbegegnung

Im Oktober hatten die Kinder Herbstferien. Meine Schwester fuhr mit ihrer Familie in den Urlaub, um neue Kräfte zu tanken. Eines Nachts erschien mein Vater meiner Schwester im Traum. Er sah vollkommen gesund aus. Wie zu seinen besten Zeiten. Sie lagen sich in den Armen und haben geweint. Mein Vater sagte ihr, dass er sehr stolz auf uns ist und dass er uns sehr liebhat. Auch findet er es gut, dass sie seinen Wagen fährt. (Dies haben wir nach seinem Tod entschieden). Er teilte ihr mit, dass er nur einmal in der Woche kommen kann. Und dann verschwand er wieder. Meine Schwester konnte danach nicht wieder einschlafen. Für sie war dieses Erlebnis absolut real. Als ich davon erfuhr, freute ich mich so für sie. Endlich eine sehr besondere Begegnung zwischen den beiden. Wie man hier sieht, konnte sie diesen Traum von einem gewöhnlichen unterscheiden. Der Traum war so wirklich, so echt! Ein unvergessliches Erlebnis.

Von solchen Begegnungen haben schon viele berichtet.

So viele Zeichen und das in so kurzer Zeit. Man fragt sich, wie ist das möglich? Aber es ist alles genau so passiert.
Kurz nach diesem Traumkontakt erlebte meine Tochter einen. An Halloween übernachteten wir mit der Kinderfeuerwehr im Feuerwehrhaus. Mit viel Basteleien und Spaß, hatten wir einen schönen Abend mit den Kindern und schliefen erschöpft ein. In dieser Nacht besuchte mein Vater meine Tochter im Traum. Am nächsten Morgen berichtete sie mir davon. Auch sie sah meinen Vater vollkommen gesund. Die Worte waren ähnlich. Es gab nur einen entscheidenden Unterschied. Er wollte sich bei meiner Nichte entschuldigen, dass er sie an dem Abend mit dem Hund nicht gesehen hatte im Auto.

Hier wird aufgezeigt, das Verstorbene als gesund und heil gesehen werden. Alle Spuren nach einer langen Krankheit sind verschwunden.
Mir persönlich hilft das sehr, das zu wissen. Endlich muss er nicht mehr kämpfen und leiden.

Das Platzieren von Gegenständen

Natürlich habe auch ich mal Momente, wo der Verlust mich einholt. Aber eins halte ich mir vor Augen. Mein Vater ist immer da!
An einem Wochenende passierte dann folgendes. Ich war mit meiner Tochter bei meiner Mutter. Immer bevor wir ins Bett gingen, räumten wir alles weg und ließen die Rollos runter. Am nächsten Morgen kamen wir in die Stube und ein Rollo war offen und ein Glas stand auf dem Tisch an dem Platz, wo mein Vater immer gesessen hatte. Gedankenverloren nahm meine Mutter das Glas mit und ging raus. Doch es dauerte keine Minute da stand sie wieder in der Tür, mit dem Glas in der Hand :) Das Gesicht hättet ihr mal sehen sollen! Das Wort "Zweifel" und der Satz: "wo kommt denn das Glas jetzt her?" stand in ihren Augen.

Wir mussten beide so herzhaft lachen und konnten uns dies nicht erklären.
Wie so oft, wenn etwas geschah, was mit Schulweisheit nicht zu erklären war.

Einen Tag nach dem Ereignis rief mich meine Mutter an und erzählte mir, dass sie auf ihrem Handy ein Foto gefunden hatte. Sie hatte es bereits gelöscht, weil sie zwischen durch immer ihre Galerie aufräumte, um Speicherplatz zu sparen. Auf dem Foto war die Stube mit dem einen offenen Rollo zu erkennen. Es war wohl verwaschen, aber man konnte es noch sehen. Sie fragte mich, ob ich das Bild gemacht habe. Mit einem Lächeln im Gesicht antwortete ich: „Nein, warum sollte ich dies tun?"
Wir sprachen lange darüber. Am Ende kamen wir beide jedoch zu der Erkenntnis, dass konnte nur mein Vater gewesen sein.

Nach einer Weile berichtete meiner Mutter mir eine erneute Geschichte. An einem Tag kochte sie sich Mittagessen. Rosenkohl stand diesmal auf dem Speiseplan :) Neben dem Herd steht der Kühlschrank, den sie immer auch als Ablage nutzte. Wie gewohnt stellte sie dort einen Teller ab, damit sie sich auch gleich das Essen auftun konnte. Da es noch ein wenig dauerte bis es fertig war, ging sie in die Stube und schaute Fern. Nach ungefähr 15 Minuten kam sie zurück, um nach dem Essen zu sehen. Plötzlich standen auf dem Kühlschrank zwei Teller nebeneinander. „Hm", dachte sie sich. Da kann man schon ins Zweifeln kommen. Aber wenn wir mal ehrlich sind, wofür braucht man als alleinstehende Person zwei Teller? Nun muss ich aber dazu anknüpfen, dass Rosenkohl das Lieblingsgericht meines Papas war. Verstorbene sind in der Lage Gegenstände an verschiedenen Orten zu platzieren. In der ersten Geschichte war es das Glas (entscheidend war dort an welchem Platz es stand. (Nämlich da wo mein Vater immer gesessen hat) In der zweiten Geschichte der Teller (hier der Wink mit dem Zaunpfahl. Das Lieblingsessen - der Rosenkohl) Erstaunlich ist, was unsere liebsten alles möglich machen. Ich, bin verdammt stolz auf meinen Vater. Er ist unheimlich kreativ. Durch all diese Zeichen werden wir zum Nachdenken gebracht.

Weiße Federn

Ich berichtete euch schon davon. Das Finden von weißen Federn an ungewöhnlichen Orten. Auf den ersten Blick hat eine Feder nichts Besonderes an sich. Doch da eine Feder in direkter Verbindung zum Vogel steht, stellt man bei näherer Betrachtung einen unwillkürlichen Zusammenhang zwischen Feder und Himmel fest. Federn sind besondere Geschenke von Verstorbenen. Meine Tante berichtete mir an einem Tag folgendes: Die erste Feder fand sie direkt vor dem Bett. „Hm“, dachte sie sich, kommt wohl aus dem Kissen. Eine weitere sah sie auf der Kellertreppe liegen. Auch dieser schenkte sie keine Beachtung. Die dritte Feder brachte sie nun endlich zum Nachdenken. Sie machte an einem Tag zum Mittagessen Blätterteig. Da die Arbeitsplatte sehr verschmutzt war, holte sie einen Lappen. Nachdem sie sich umdrehte, lag plötzlich auf einer Herdplatte eine kleine weiße Feder. „Wo kommt die denn her?“ :) fragte sie sich. Tja was könnte dies wohl bedeuten? Gegen Abend rief sie meine Mutter an und berichtete ihr davon.

Zum Verständnis:
Mein Onkel hatte ein paar Tage zuvor seine Zusage für seine neue Arbeitsstelle bekommen.

Meine Mutter erklärte ihr, dass Papa ihr ein Zeichen geschickt hat. Ein Geschenk für die Zusage der neuen Arbeitsstelle. Liebe Tante: „Federn bitte nicht wegschmeißen. Sie sind was Besonderes. Man muss sie gut aufbewahren.“

Eine weitere Feder fand mein kleiner Neffe. Meine Schwester war mit ihrer Familie zu Besuch da. An einem Tag gingen sie zum Friedhof, um meinen Vater zu besuchen. Plötzlich sah mein Neffe etwas Kleines vor seiner Nase herumfliegen. Er versuchte es mit seinen Händen zu fangen. Gar nicht so einfach, denn es war sehr windig. Doch er hatte es geschafft. In seinen Händen hielt er eine kleine weiße Feder. Voller Stolz zeigte er allen was er gefunden hatte. Jeder wusste sofort, dass mein Vater sie ihm geschickt hatte. Glücklich nahm er sie mit nach Hause.
Des Weiteren fanden meine Mutter und ich ebenfalls immer mal wieder weiße Federn an ungewöhnlichen Orten.
Die Farbe Weiß bedeutet, dass alles gut wird. Wenn ihr eine findet seid glücklich und dankbar. Unsere Liebsten

möchten auf sich aufmerksam machen. Denn mit jedem Finden einer weißen Feder, werdet ihr an sie erinnert.

Auf der Suche nach Antworten

Nun wurde ich immer wissbegieriger und wollte mehr darüber erfahren. Ich bestellte mir Bücher "Trost aus dem Jenseits" von Bernard Jakoby und von Judy und Bill Guggenheim. Beide Bücher sind großartig. Sie bestätigten immer mehr die Aussage "**es gibt mehr zwischen Himmel und Erde**." Des Weiteren schrieb ich einen Seelenforscher an und bekam tatsächlich Antwort. Er schrieb mir:

" Hallo liebe Michaela, bitte lass uns Du sagen, ich hoffe es ist okay für Dich:) Ich bin, der Robert. Vielen Dank, dass Du meine Beiträge gelesen hast. Deine Schilderungen sind ein typisches Beispiel dafür, dass Dein Vater Dir vermittelt, dass seine Seele noch da ist und dass er trotz seines körperlichen Todes Dir zur Seite steht: Die Dinge, die Du wahrnimmst, sind ganz besondere Zeichen. Ich habe mich gefragt, was brauchst Du jetzt für Dich? Suche die Bestätigung nicht bei Deinen rational denkenden Mitmenschen (die sich nicht mit Seelen /Verstorbenen beschäftigen). Du kannst froh, sein dass Du so aufmerksam bist und versuchst hinter die Kulissen zu schauen. Für mich sind das Riechen des Parfüms Deines Vaters eindeutige olfoktarische Zeichen, auch das Kribbeln usw. Bedanke Dich bei Deinem Vater, anscheinend will er Dich weiterhin unterstützen, indem er Dir weitere Zeichen und Hinweise schickt. Mein

verstorbener Opa z.B. meldet sich immer mal wieder, wenn ich auf etwas besonders achten soll. Dann bekomme ich einen Hinweis in Form einer Zahl... Das ist sehr wertvoll. Beschäftige Dich weiterhin mit diesem Thema, und vielleicht findest Du bald Gleichgesinnte, mit denen Du Dich austauschen kannst. Das Universum wird es bestimmt fügen, wenn Du daran glaubst. Herzliche Grüße Robert :)"

Ich hatte mich so gefreut, dass ich Antwort erhalten habe. Ich befolgte seinen Rat und begab mich auf die Suche nach Gleichgesinnten. Ich trat einigen Gruppen bei, die sich über Phänomene austauschten und erfuhr unglaubliche Geschichten. Eine muss ich jedoch hier mal erwähnen. Er gab mir sein Einverständnis euch daran teilhaben zu lassen. Er berichtete folgendes:

Die kleine Kneipe

" Ich führe eine kleine Kneipe. Ende September letzten Jahres ist ein langjähriger Freund der zugleich Stammgast war, überraschend in den Armen seiner Frau nach nur 7 Monaten Ehe an einem Herzinfarkt verstorben. Seitdem passieren immer wieder merkwürdige Dinge. Wie seine Frau später bemerkte, ist eine kleine Wanduhr um 6:45Uhr seines Todeszeitpunkts stehen geblieben. Sie entnahm die Batterien und die Uhr tickte trotzdem weiter, der Zeiger hakte allerdings. Des Weiteren fallen immer wieder Sachen vom Tisch. Als jemand ihre Wohnung tapezierte, hörten beide einen lauten Knall, obwohl die Wohnung weitestgehend leergeräumt war. Als beide erstaunt darüber waren,

vernahmen beide einen intensiven Parfümgeruch. Es war der vom Verstorbenen.
*Nun zu meiner Kneipe. Der Verstorbene hatte auch hierzu einen engen Bezug. Er bezeichnete sie oft als zweites Wohnzimmer. Am Abend vor seiner Beerdigung sah ich plötzlich, dass der Türgriff wie in Zeitlupe runtergedrückt wurde. Als ich zur Tür ging, war da niemand. Des Weiteren hörte ich eine WC Tür zuschnappen, ohne dass jemand drin war. Zugluft konnte ausgeschlossen werden. Ebenfalls hörte man das Geräusch einer Tür, die es nicht gab. Auch kalte Schauer, wurden wahrgenommen. Das Heftigste kommt jetzt. Ich ging eines Tages in den Keller. Dort steht eine Kühl-anlage, in der Bierkästen gelagert werden. Da es im Keller mittlerweile kalt genug war, entschied ich mich den Stecker zu ziehen. Die Anlage war auf 3 Grad gekühlt. Als ich 2- 3 Stunden später wieder in den Keller ging, vernahm ich ein Summen. Ich schaute auf die Kühlanlage, sie lief plötzlich wieder. Nun waren es allerdings 12 Grad. Die Kühlkette war definitiv unterbrochen! Es braucht ein wenig Kraft den Stecker ein und aus zu stecken. Er war aber wieder drin! Als ich fassungslos davorstand, lief oben im Radio: Udo Lindenberg (**Ich mach mein Ding**). Das war das Lieblingslied des Verstorbenen. Um in den Keller zu gelangen, muss man eine alte Falltür öffnen. Es waren 3-4 Gäste in der Kneipe. Alle bezeugten, dass niemand unten gewesen sei. Ich selbst habe den Kneipenraum nicht verlassen."*

Großartige Geschichte, oder wie seht ihr das? Wie man hier erkennen kann, wurde zweifelsfrei der Verstorbene

erkannt. Ich fand die Geschichte so interessant und wieder fragte ich mich, wie so oft, wie ist das möglich? Nun begab ich mich weiter auf die Suche nach Antworten. Nach intensivem recherchieren stieß ich auf Pim van Lommel. Ein Kardiologe aus Holland. Er widmete sich der Bewusstseinsforschung und der Erforschung von Nahtodkontakten.
Ich schaute mir zahlreiche Vorträge bei YouTube an und fand das alles unheimlich interessant. Gerade ich, die nie an so etwas glaubte, wollte mehr darüber erfahren.
Da ich meine neuen Informationen irgendwo los werden wollte, ging ich zu meiner Mutter und berichtete ihr davon. Sie hörte mir gespannt zu. Es tut so gut, verstanden zu werden. Das ist in der heutigen Zeit nicht einfach.
Ein paar Tage nach unserem Gespräch, erzählte sie mir dann von einer neuen Geschichte meines Vaters.

Das lustige Essen

Mein Papa hat sich jedes Jahr den letzten Freitag im November mit seinen Freunden zum Braunkohlessen getroffen. Seit Jahren fand dies im selben Restaurant statt. Er hatte immer den Tisch bestellt. Diesmal musste das nun jemand anderes in die Hand nehmen. Ganz plötzlich konnten aber alle an diesem Tag nicht und somit wurde das Treffen um eine Woche vorverlegt. Da meine Mutter mit dem guten Freund meines Vaters in Kontakt steht, erfuhr sie von dem vorgezogenen Treffen. Sie sagte ihm jedoch gleich, dass dies nicht ginge, denn es war immer eine Woche später. Sie gab ihm den Tipp

auf Zeichen zu achten, denn mein Vater würde ganz sicher dabei sein. Einen Abend zuvor betete meine Mutter und bat meinen Vater sich bei seinen Jungs (so nannte er sie immer) bemerkbar zu machen.
Und prompt geschah auch etwas beim Essen. Als erstes fiel einem Kollegen ein Stück Fleisch von der Gabel. Er schaute verwirrt, aber dachte sich nichts dabei. Als nächstes fiel ein Messer vom Tisch. Er hatte es nicht mal angefasst. Es flog so weit, so dass alle dieses Messer erstmal suchen mussten (ich stelle es mir gerade wieder bildlich vor :)). Und zuletzt schmeckte der Braunkohl miserabel. Den hatte aber immer derselbe Koch gekocht, und der schmeckte jedes Jahr hervorragend. Unfassbar :). Am nächsten Tag rief der Freund bei meiner Mutter an und berichtete von dem schrecklichen Abend. Meine Mutter kriegte sich vor Lachen nicht mehr ein. Tja, wie sagt man so schön? Kleine Sünden bestraft der liebe Gott sofort!

Das Gefühl einer Präsenz

Wie ist das mit dem lieben Gott? Wie ist das mit dem Sterben und was passiert wirklich mit der Seele? Fragen über Fragen die einen immer wieder beschäftigen. Ich hatte unheimliches Redebedürfnis. Aber wie so oft die Frage: mit wem kann man über alles reden? Leider ist das Thema Tod in unserer Gesellschaft immer noch ein Tabuthema. Rund ums Sterben setzen die Menschen sich immer noch viel zu wenig auseinander. Ich gebe zu, zu dieser Gruppe gehörte ich ebenfalls. Es gibt ein altes

Volkslied, das heißt: Vater, Mutter, Schwester, Bruder (von Rudolf Schock). Dort sagt er in einer Strophe:

„Hab' schon öfter sagen hören,
Dass man dort sich wiedersieht.
Aber niemand kann's beschwören,
Keiner weiß, was dort geschieht.
Wenn es fest und sicher stände,
Dass man sich da wiederfände,
Wär' in jenen lichten Höhn'n
Dass das schönste Wiedersehen!"

Wie ist das nun im Himmel? Keiner weiß was dort geschieht. So viele Kulturen haben schon nach Antworten gesucht, aber bisher blieb der Nachweis aus. Die Fähigkeit zu denken und real werden zu lassen, das ist in meinen Augen das Geheimnis. Wenn ich so darüber nachdenke, braucht man eigentlich ein Medium dafür. Aber wenn wir wirklich alle in uns gehen, sind das Medium wir selbst.
Kommen wir nun mal zu dem Gefühl. Das Gefühl einer Präsenz. Ich liege oft noch lange wach im Bett und starre in die Dunkelheit. Und wie ich so da liege, sehe ich manchmal kleine Funken, leichten weißen Nebel und manchmal habe ich das Gefühl, dass jemand vor meinen Augen ist. Es lässt sich sehr schwer beschreiben. Wie ein Schleier durch den man nicht durchsehen kann. Es fühlt sich an, als wenn jemand vor einem ist. Ich versuche es immer mit meinen Händen zu berühren und ganz plötzlich spüre ich ein Kribbeln auf meiner Haut. Viele würden jetzt sagen: „Na, wenn man die Hände hoch macht, dann kribbelt es natürlich auch." Das ist

einerseits auch richtig, aber dieses Kribbeln fühlt sich anders an. Wie, als ob jemand deine Fingerspitzen berührt. Mir standen in dem Moment die Tränen in den Augen. Ich wusste das mein Papa bei mir ist. Wie gerne hätte ich ihn jetzt in den Arm genommen. Im gleichen Atemzug aber, war ich ihm unendlich dankbar. Soviel versucht er, um uns zu zeigen, dass er noch da ist und an unserem Leben teilnimmt.
Viele andere erleben ein oder zwei Zeichen und dann geht der Verstorbene. Doch bei meinem Vater ist alles anders. Er gibt nicht auf und lässt sich immer wieder etwas Neues einfallen. Wie zu seinen Lebzeiten ein Kämpfer! Daran sehen wir aber, dass das Wesen und die Persönlichkeit auch nach dem Tod bestehen bleibt.
Wie ihr immer noch seht, ich bin immer noch nicht mit dem Buch fertig. Ich habe noch viele schöne Geschichten für euch auf Lager. Lest selbst!

Wir sind immer noch bei dem Gefühl. An einem Wochenende schlief ich wieder bei meiner Mutter. Als wir im Bett lagen, sah ich wieder diese Funken und den Nebel. Nun probierte ich es mit ihr aus. Wir machten beide die Hände nach oben. Sie sah die Punkte leider nicht, aber sie spürte ein leichtes Kribbeln an ihren Fingern. Auch waren zwei ihrer Finger leicht erleuchtet. Das Geheimnis ist, man muss sich entspannen und dem ganzen Vertrauen schenken. Nach ein paar Tagen rief sich mich dann voller Freude an und erzählte mir, dass sie die Funken und auch Punkte gesehen hat. Die ganze Zimmerdecke wäre voll gewesen. Ich war sehr stolz auf sie und sagte zu ihr: „siehst du, du wirst immer offener.“

Es ist wie ein Lernprozess. Nichts Anderes tun wir den ganzen Tag. Wir lernen!

Seht hin, ich lebe

Das darauffolgende Wochenende fuhr ich dann wieder zu ihr. Trotz all' dieser schönen Zeichen, hatte sie manchmal das Gefühl, dass mein Vater nun für immer gegangen ist. Das wäre ja langweilig, oder? :)Aber keine Sorge, es geht weiter :). Sie berichtete mir wieder von einer neuen Geschichte. Ein Telefonat mit meiner Schwester. Während sie den Satz aussprach: „Ich glaube Papa ist nicht mehr da", kam ganz plötzlich ein lautes Knacken in der Leitung. Beide verstanden sich nicht mehr,- und plötzlich war das Gespräch weg.

Meine Schwester musste ihr Telefon neu konfigurieren, weil es nicht mehr ging. Nachdem wieder alles funktionierte, rief sie meine Mutter zurück und sagte: „Sag du nochmal, dass Papa nicht mehr da ist." Ich finde es großartig :)! Also wie kann man bei dem ganzen noch zweifeln? Ich für meinen Teil würde jetzt dazu sagen: solange wir an ihn glauben, lebt er in unseren Gedanken weiter. Ich finde das ist ein wichtiger Ansatz, denn darauf wird alles andere aufgebaut.

Eine andere Wirklichkeit

Nun kommen wir zu dem Wochenende. Um meine Mutter auf andere Gedanken zu bringen, spielten wir viele Gesellschaftsspiele, redeten und lachten viel. In der Nacht von Samstag auf Sonntag wachte ich gegen 2 Uhr nachts auf. Warum auch immer. Ich drehte mich um und starrte an die Zimmerdecke. Im Raum war es komplett dunkel. Plötzlich sah ich, dass die ganze Decke übersät war mit kleinen weißen Punkten. Es sah aus wie kleine Glühwürmchen. Ich kam mir vor, als läge ich im Freien und schaute mir den Sternenhimmel an. Ich weckte meine Mutter auf. Sie guckte ebenfalls an die Zimmerdecke und meinte: „Oh wie schön,- Papa ist da.“ So etwas habe ich in dieser Menge noch nie gesehen. Es sah wunderschön aus. Ich war meinem Vater unendlich dankbar für diesen einzigartigen Moment. Zwei Tage später hatte ich dies dann auch in meinem eigenen Schlafzimmer. Ich bin einfach in der Nacht wach geworden,- einfach so. Und wieder ein Zeichen:). Er passt auf uns auf. Mein Vater ist zwar physisch nicht mehr anwesend, aber geistig existiert er noch. Und da haben wir es wieder,- der „Lernprozess“. Lernen die

Zeichen zu erkennen und zu deuten, damit man sie im Alltag mit einbauen kann. Für mich liegt klar auf der Hand, dass mein Vater weiter an meinem Leben teilnimmt. Für mich ist das so wichtig. Er war immer mein Lebensberater. Egal was ich in meinem Leben entschieden habe, habe ich oft mit ihm gemeinsam getroffen. Ich frage mich so oft, warum derartige Phänomene in der Öffentlichkeit immer noch tabuisiert werden. Ich kenne dieses Gefühl selbst nur zu gut. Aber was wäre, wenn wir alle einfach mal darüber reden würden? Vielen Menschen könnte geholfen werden mit der Trauer besser fertig zu werden. Denn der Tod ist nicht das Ende!

In vielen Kulturen existiert doch der Glaube, dass ihre verstorbenen Vorfahren, bzw. Ahnen sich um sie kümmern und in ihrem Leben helfen. Viele haben schon davon berichtet. Ein Verstorbener hat mit seinem Vorauswissen über einen Unfall, die Abreise verzögert, um zu verhindern, zur Unfallszeit nicht am Unglücksort zu sein.

Die geistige Verbindung

Ich kann mich an etwas Ähnliches erinnern, wo mein Vater aufgepasst hat. Ich fuhr mit meiner Mutter und meiner Tochter zu meiner Schwester über' s Wochenende. Sie wohnt 300 km von mir entfernt. Auf der Rückreise fuhr ich etwas schneller. Ich spürte dann häufig an meinem Hinterkopf, sowie an meiner rechten Hand ein starkes Kribbeln und Wärme. Es fühlte sich so an, wie so oft, als ob viele Ameisen auf mir herumlaufen.

Ich wusste sofort, dass mein Vater bei mir war. Er wollte, dass ich langsamer fahre. Dies hatte er mir oft zu Lebzeiten gesagt. „Kind heize nicht so schnell, du kommst dadurch auch nicht schneller ans Ziel und sparst Sprit :)!" Ich habe es jetzt noch in den Ohren :). Er fuhr immer sachte 130 km/h auf der Autobahn. Wie man sieht, er war einfach nur besorgt.

Eine andere Situation hatte mein Sohn. Es war spät abends und er fuhr einsam auf einer Landstraße. Erlaubt sind dort 100 km/h. Wie man als Jugendlicher so ist, fuhr er natürlicher schneller. Plötzlich sah er im Rückspiegel zwei Lichter. Man hätte denken können, ein anderes Auto fährt hinter ihm. Es war aber keins da. Im Gegenteil,- er war alleine auf der Straße unterwegs. Völlig verwirrt trat er auf die Bremse. Nachdem die Tachonadel 100 anzeigte, verschwand das Licht wieder.

Zuhause angekommen rief er mich an und berichtete mir davon.

Zum besseren Verstehen für alle:
Ein paar Wochen vor dem Tod meines Vaters, hat mein Sohn das Auto gekauft und seinem Opa natürlich eine WhatsApp geschickt. Ich fragte meinen Jungen, ob er sich an diese Nachricht noch erinnern konnte. Er bejahte dies. Die Nachricht war wie folgt:

„Herzlichen Glückwunsch zum neuen Auto. Ein schöner Wagen. Pflege ihn gut und fahre vorsichtig."

Ich fragte ihn, ob er die Botschaft verstanden hatte. Er verneinte dies. Ich erklärte ihm, dass er zu schnell gefahren ist. Dass, sein Opa ihn aufmerksam machen wollte, dass er vorschriftsmäßig fahren soll, damit nichts passiert. Wie man an diesen beiden Geschichten sieht, sind Verstorbene sehr besorgt und versuchen uns durch ihre Zeichen zur Reaktion zu bringen. Hat ja funktioniert. Bemerkenswert,- oder?

Zeichen in Form von Wolken

Ein weiteres Zeichen wird oft durch die Wolken ausgedrückt. Auffällig sind z.B. Herzen, Engel oder etwas Ähnliches.
Ich selbst habe so etwas schon mal am Himmel gesehen. Einmal im Monat habe ich von der Arbeit aus Dienstbesprechung. Ihr kennt das sicher auch, dass man manchmal nicht so wirklich Lust hat. Ich stieg aus dem

Auto, um noch eine zu schmöken und schaute dabei in den Himmel. Meine Gedanken waren tief bei meinem Vater und ich stellte mir die Frage, wie es ihm wohl gerade geht? Plötzlich erschien dieses Bild:

Schaut selbst, ich sehe es so:
Es sieht so aus, als ob jemand herunterschaut, wie ein Mensch. Links kann man einen Arm erkennen. Ich traute meinen Augen nicht. Ich griff zu meinem Handy, welches im Auto lag und machte dieses Foto. Kurz nach der

Aufnahme verschwand die Wolke wieder. Da ich noch etwas Zeit hatte, rief ich meine Mutter an und erzählte Ihr davon und lies ihr das Foto zukommen. Nun musste ich zur Besprechung und sagte ihr, dass ich mich später noch mal bei Ihr melden würde. Dies hatte mich die ganze Zeit sehr beschäftigt. Bilde ich mir das nur ein? Kann man es doch nicht richtig erkennen? Fragen über Fragen! Nachdem die Besprechung beendet war, fuhr ich nach Hause und rief wie versprochen an. Sie berichtete mir, dass sie so etwas auch schon mal gesehen hatte.
Ab und zu geht sie auf Messen arbeiten. Beim Verlassen einer Halle schaute sie in den Himmel und sah genau dasselbe Bild. Ein Mensch der herunterschaut. Sie dachte sich aber nichts dabei, denn ich hatte ihr ja nur von Herzen berichtet. Wir beide haben unabhängig voneinander das Gleiche gesehen. Zu unterschiedlichen Zeiten an verschiedenen Orten. Nun wusste ich, ich habe es mir nicht eingebildet. Ich war so froh, dass meine Mutter dies auch gesehen hatte. Großartig – wieder etwas dazugelernt. Vielen, vielen Dank Papa!

Das erste Weihnachten

Ich weiß Trauer tut sehr weh. Gefühle wie Ohnmacht, Verzweiflung und Hilflosigkeit sind schwer auszuhalten. Manchmal ist der Tod schwer zu begreifen. Aber es ist Balsam für die Seele, wenn unsere Liebsten sich bemerkbar machen. Nehmen wir als bestes Beispiel Weihnachten. Das erste Mal ohne den geliebten Menschen. Während die einen sich auf die Feiertage

freuen, kann der Gedanke für andere schmerzliche Erinnerungen wecken. Denn im Jahr davor war alles anders.
Ich gebe zu, der Gedanke daran war furchtbar. Einen Tannenbaum zu kaufen, sowie das weihnachtliche Schmücken, ist mir unheimlich schwergefallen. Ich bat meine Kinder um Verständnis, und versprach den beiden, dass ich mich im nächsten Jahr bessern werde.
Aber kommen wir zu dem Balsam für die Seele.
Heiligabend war ich zu Hause. Wie jedes Jahr verbrachte ich es mit meinen Kindern. Gegen Nachmittag rief mich meine Mutter an, und erzählte mir, dass sie wieder ein Foto auf ihrem Handy gefunden hat. Dieses Mal hatte sie es nicht gelöscht. Ich bat sie mir dieses Bild zu schicken.
Mit ihrem Einverständnis lasse ich euch daran teilhaben.
Schaut es euch an.

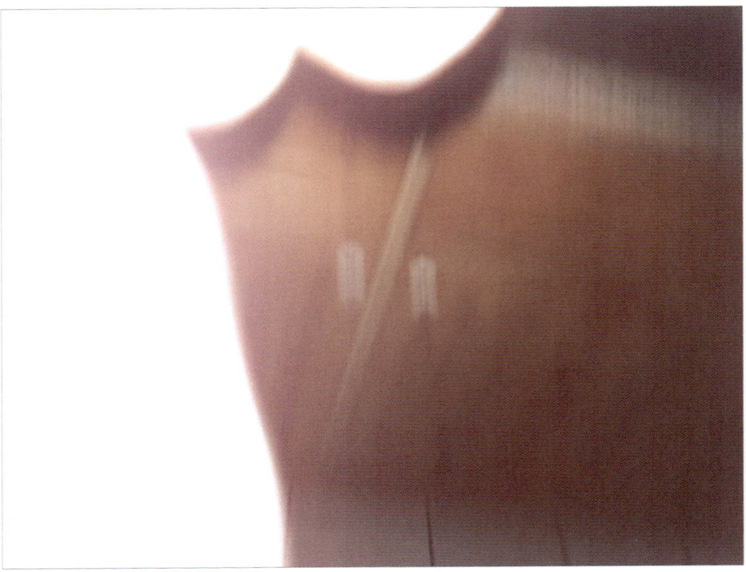

Auf dem Foto rechts sieht man diesmal Küchenschränke und unten einen Teil von den Bodenfliesen. Wie ihr seht ist das Bild verwaschen, aber man kann es noch erkennen. Das Entscheidende kommt jetzt. Schaut euch das Bild genau an. Die linke Seite ist weiß. Bei genauem Betrachten sieht man ein Stück vom Arm sowie einen Teil von einem Körper. In meinen Augen sieht es aus, wie ein halbes Selfie. Wie seht ihr das Bild?
Ich rief meine Mutter nochmal aufgeregt an und teilte ihr mit, wie ich das Bild gesehen und empfunden habe. Sie konnte es aber nicht erkennen. Dann bat ich meine Nichte ans Telefon. Meine Schwester war mit ihrer Familie schon vier Tage vorher angereist. Nach näherem Betrachten, sah meine Nichte es dann genauso. Sie holte ihre Oma ans Telefon und erklärte es ihr und dann erkannte sie es auch. Ich hatte mich nun schon so viel belesen. Aber so etwas war nirgends zu finden. Mein Vater muss wieder dieses Handy genommen haben, um ein Bild zu machen. Sowie ich euch am Anfang schon von dem Foto mit dem offenen Rollo erzählte. Das Außergewöhnliche ist hier aber, dass man ein Stück Körper sehen kann. Wenn ihr genau hinschaut, sieht man auch den Schatten im Hintergrund.

Jetzt möchte ich hierzu gerne nochmal etwas erwähnen. Das Handy von meiner Mutter gehörte mal meinem Vater. Er war quasi mit allen Funktionen dieses Telefons vertraut. Er fotografierte immer sehr gerne. Das würde das Ganze ein wenig erklären :). Wie man sieht, kein Problem, ist für unsere Liebsten machbar :.

Ich weiß es ist schwer zu beschreiben, was man auf diesem Bild sieht. Ein Geist, ein Wesen, ich weiß es nicht. Für mich liegt trotzdem klar auf der Hand, dass dies wieder mein Vater war. Das Bewusstsein existiert scheinbar nach dem Tod weiter. Es ist also nicht abhängig von unserem Gehirn. Es lebt als Geist weiter. Für mich ist es wie eine andere Existenz.

Den ersten Weihnachtstag fuhr ich dann mit meiner Tochter zu meiner Mutter. Freudig wurden wir von allen erwartet, inklusive den Hund. Ein kleiner Dackel. Mein Vater und Odie (so heißt der kleine Kumpel) waren dicke Freunde. Immer wenn mein Vater kam, kriegte sich der Hund vor Freude nicht mehr ein. Da ich mich schon viel informiert hatte, wusste ich auch, dass Tiere eine feine Antenne haben, um Verstorbene wahrzunehmen. Also richtete ich viel mein Augenmerk auf den Hund. Und tatsächlich verhielt er sich manchmal sehr ungewöhnlich. Ich beschreibe es mal so. Aus dem Nichts sprang er einfach nach oben und bellte fröhlich und wedelte mit dem Schwanz. Es sah so aus, als ob er sich riesig über etwas freute. Das Putzige dabei war, es gab gar keinen Anlass dafür. Des Weiteren ging er einfach in eine Ecke und starrte die Wand an. Man hätte denken können, dass er jemanden gesehen hat. Aber da war niemand. Was hat der Hund gesehen? Ich wusste nun, dass mein Vater im Raum war. Ihr glaubt gar nicht, wie schön das ist, das zu wissen. Ich behielt es erstmal für mich und berichtete später meiner Mutter davon. Im gleichen Atemzug erzählte sie mir, dass sie so eine ähnliche Situation auch in der Küche hatte. Sie stand mit dem Rücken gelehnt an den Küchenschränken. Der Hund

kam und sprang neben ihr hoch und bellte nach Herzenslust. Er freute sich so. Er muss jemanden gesehen haben, der ihm ganz wichtig war. Von meiner Mutter nahm er keine Notiz.
Eine zweite Situation hatte sie in der Stube. Sie saß mit meinem Neffen (9) auf dem Sofa. Ganz plötzlich sprang Odie auf das Sofa und spielte total verrückt. Er drehte sich wie wild und bellte. Auch von den beiden nahm er keine Notiz. Selbst mein Neffe hatte dies bemerkt. Meine Mutter sagte zu ihm: „Schau' dein Opa ist da!" Der Kleine lächelte. Hunde, die sich ohne Grund freuen und an die Wand starren sind Zeichen von Verstorbenen.

Ich war so glücklich! Papa hat mit uns Weihnachten verbracht, wenn auch anders, wie im Jahr zuvor, aber er war da. Die Liebe zur Familie macht so vieles möglich. **Wunderbar!**

An dieser Stelle möchte ich mal gerne etwas loswerden. Mein Vater war ein sehr außergewöhnlicher Mensch. Er war von Beruf Polizist. Überall bekannt und beliebt. Als mein Vater verstarb, ging dies überall rum, wie ein Lauffeuer. Schon sehr auffallend. Von einem seiner Kollegen habe ich mal erfahren, dass er nie mit schlechter Laune zur Arbeit gekommen war. Im Gegenteil. Sein Humor hatte einen unheimlichen Wiedererkennungswert. Er bleibt bei jedem einzelnen stets in Erinnerung. Seine Worte waren immer: **„Ich habe meine Duftmarke überall gesetzt**." Und Recht hat er!

Wir sind immer noch an den Weihnachtstagen. Wie ich schon am Anfang erzählte, ist meine Schwester sehr skeptisch. Daher versuchte nun meine Mutter ihr Glück. Sie wollte ihr das mit den Funken an der Zimmerdecke nahebringen. Zwischen den beiden im Bett lag immer mein Neffe. Er war ganz aufgeregt und wollte daran teilhaben. Eines Abends waren sie dann tatsächlich da. Sie machten alle die Hände hoch. Meine Schwester sah sie nicht und spürte auch nichts, dafür aber der Kleine. Er sagte zu seiner Mutter: „Mama, die habe ich auch 'mal am Tage gesehen." Meine Schwester wusste bis dato nichts. Mein Neffe hatte ihr nichts davon erzählt. Kinder haben eine viel feinere "Antenne" wie wir Erwachsenen. Sie haben auch oft imaginäre Freunde.

Wenn sie ihren Eltern davon erzählen, wird ihnen meist nie geglaubt. Für meine Schwester tat es mir unendlich leid, dass sie das nicht wahrgenommen hat. Sie hatte eine sehr enge Bindung zu meinem Vater. Ihre Worte waren: „Ich habe nicht nur einen Vater verloren, sondern auch einen besten Freund."
An einem anderen Abend brachte meine Schwester ihre Tochter zu Bett. Es war überall dunkel, doch plötzlich ging auf dem Dachboden das Licht an. Beide waren irritiert und der Kommentar meiner Schwester war: „Das ist ja gruselig." Völlig verblüfft gingen beide zu meiner Mutter und berichteten davon. Meine Mutter freute sich innerlich und meinte daraufhin: „Papa wollte euch beiden Gute Nacht sagen!"
Wie man sieht, er lässt nichts unversucht. Meine Schwester hat es bemerkt. Danke schön Papa :)!

Die Gedanken lenken

In diesem Erlebnis geht es nun um "das Lenken" der Gedanken. So etwas hattet ihr bestimmt auch schon einmal? Wie aus dem Nichts und ihr wusstet wie ihr euch verhalten müsst? So war es auch an diesem Abend. Meine Mutter stand mit meiner Schwester draußen auf der Terrasse, um eine zu schmöken. In einer Ecke steht eine kleine Holzbank. Wie jedes Jahr stehen dort zwei geschmückte kleine Weihnachtsbäume drauf. Die beiden unterhielten sich angeregt. Plötzlich drehte sich meine Mutter während der Unterhaltung einfach um und ging zu Bank hin. Eine der Kugeln war durch die Lichterkette angestrahlt. Das Licht reflektierte und somit wurde sie auf diese eine Kugel aufmerksam. Sie bückte sich und starrte hinein. Plötzlich war sie völlig aufgelöst und fing an zu weinen. Meine Schwester sprang auf und fragte besorgt: „Was ist passiert?" Völlig aufgelöst antworte meine Mutter: „Ich habe Papas Gesicht in der Kugel gesehen!" Meine Schwester sah ebenfalls hinein, sah aber nichts. Tröstend antwortete sie: „Dann war dieses Zeichen nur für dich bestimmt."

Da haben wir das mit „dem Lenken“. Mein Vater hat sie in den Gedanken gelenkt, damit sie sich umdreht. Sie konnte es nicht wissen, denn Sie stand mit dem Rücken zur Band. Faszinierend,- oder? Ich persönlich finde es wichtig, dass wir uns für so etwas öffnen. Das wir anderen zuhören, verstehen und daraus lernen. Der erste Schritt ist getan, wenn wir uns damit auseinander-setzen. Ich für meinen Teil habe dies getan. Ich bin dadurch viel offener und aufmerksamer geworden. Ein Weihnachtsfest und so viele außergewöhnliche Zeichen.

Dies alles geschah bei meiner Mutter. Nun erzähle ich Euch, was an anderer Stelle passierte.

Die Vorweihnachtszeit und Weihmachten telefonierte meine Mutter viel mit meiner Tante und meinem Onkel. Auch dort geschahen viele Phänomene.
Es knallten etliche Birnen durch. Mein Onkel verbrachte viel Zeit im Baumarkt. Er war quasi schon Stammkunde, um es mal amüsant auszudrücken. Aber nicht genug! Die Außenbeleuchtung des Hauses, sowie die komplette Weihnachtsbeleuchtung fielen aus. Ich muss an dieser Stelle erwähnen, dass mein Vater ein sehr inniges

Verhältnis zu den beiden hatte. Mein Onkel war immer dabei, wenn er mit seinen „Jungs“ loszog. Da kann man schon verzweifeln, wenn man ständig damit beschäftigt ist, Birnen auszutauschen.:)
Ich musste herzhaft lachen, als meine Mutter mir davon erzählte. Unser Papa,- so war er immer zu Späßen aufgelegt. Des Weiteren erfuhr ich von einem Telefonat zwischen meiner Mutter und meiner Tante.

Zu später Stunde saßen beide jeweils in der Küche. Auf einmal sagte meine Tante: „Hier flackert die ganze Zeit das Licht, so hell war die Lampe noch nie.“
„Sag‘ Papa, dass er nach Hause kommen soll. Wir wollen ins Bett gehen“, antwortete meine Mutter. Meine Tante führte den „Befehl“ aus und das Flackern hörte sofort auf.

Nachdem beide auflegten, fand meine Tante keine Ruhe und saß bis 02.00 Uhr nachts in der Küche. Sie schaute sich das Bild auf dem Handy an, welches meine Mutter ihr Heiligabend geschickt hatte. Nun kommt es: ich weiß nicht einmal wie ich es in Worte fassen soll. Sie konnte das Bild hin und her schieben und auf einmal wurde es erst schwarz und dann weiß. Kurze Zeit später sah Sie einen Wald, der Boden war bedeckt mit Ästen und mittig auf dem Bild stand plötzlich mein Vater in sehr jungen Jahren mit längeren Haaren. Vor Schreck wäre ihr fast das Telefon aus der Hand gefallen. Sie dachte Sie traute Ihren Augen nicht und probierte es immer wieder aus. Anstatt der Küche und der Gestalt, sah sie den Wald mit meinem Vater drauf. Völlig verzweifelt bombardierte sie meine Mutter mit What’s-App-Nachrichten. Sie schlief

aber schon und hatte dies erst am nächsten Morgen gelesen. In der einen Nachricht stand drin: „Ich glaub ich brauche einen Arzt“. Am nächsten Morgen berichtete meine Mutter mir davon, ich konnte nicht vor Lachen! Liebe Tante, Du brauchst keinen Arzt! :)
Verstorbene sind in der Lage für andere sichtbar zu werden, ob in einem Traum (wie ihn meine Schwester erlebte) oder auf der Straße (erinnert euch an meine Nichte), sowie an allen anderen Orten.
Da wir im Zeitalter der Handys leben, ist dies nun auch dort möglich. Erscheinen auf einem Bild. Ich persönlich freute mich über diese Geschichte, denn nun habe ich auch wieder etwas dazugelernt.

Handy – Zeichen scheint wirklich ein neuer Trend zu sein :).

Wie ich schon erwähnte, man liest es nirgendwo, da haben wir es wieder. Wie außergewöhnlich mein Vater immer noch ist,- großartig.

Aber kommen wir nun noch mal zu meiner Tante. Sie hat die ganze Nacht kaum geschlafen, am nächsten Morgen meinte mein Onkel: „Das Foto wird gelöscht, du wirst hier noch verrückt.“

In der Regel ist so etwas ja relativ einfach: Bild anklicken, Papierkorb und weg damit.
So einfach scheint es dann wohl doch nicht zu gehen. Er versuchte alles, um dieses Bild zu löschen. Was er auch drückte, es ging nicht. Ich glaube mein Papa hat sich eins ins Fäustchen gelacht. Irgendwie müssen wir ja den

Onkel beschäftigen. Nach zig Anläufen hat er es dann endlich hinbekommen.

Na, geht doch: Geduld, Geduld!

Weihnachten war nun geschafft, einer der schwersten Hürden und trotzdem hat mein Vater uns allen ein Lächeln ins Gesicht gezaubert.

Der Jahreswechsel

Die nächste Hürde, ein neues Jahr bricht an. So viele Menschen freuen sich darauf und schauen aufgeregt ins neue Jahr. Ich dagegen hatte nur einen Gedanken, ein neues Jahr ohne meinen Vater, was muss ich machen, wie geht es weiter?

Ich glaube jeder kennt diesen Schmerz, wenn er einen geliebten Menschen verloren hat. Es gibt da ein wunderschönes Lied, das heißt:

ICH WÜRD' DICH GERN BESUCHEN (Interpret: Unheilig)

Die erste Strophe geht wie folgt:

Ich glaube daran, dass die Sterne die wir sehen
All jenen den Weg leuchten,
die einmal von uns gehen

Da ist was sehr Wahres dran.

Nun gut, meine Tochter und ich beschlossen Silvester mit meiner Mutter zu verbringen. Einen Tag vorher kauften wir Raketen und einen schwarzen Edding. Die erste Rakete sollte für meinen Vater sein, mit unserem ganz persönlichen Gruß drauf. Wir entschieden uns für die gelbe Rakete, da gelb seine Lieblingsfarbe war. Sie bedeutet Leuchten und Helligkeit und vermittelt Freude. Stellt euch mal eine gelbe leuchtende Umgebung vor. Man bekommt automatisch gute Laune. So war mein Papa auch immer gut gelaunt. Bepackt mit allen Sachen fuhren wir dann zu meiner Mutter. Um 20Uhr gingen wir zur Nachbarin und deren Tochter. Zu ihr hatte auch mein Vater ein inniges Verhältnis,- sie wohnt direkt nebenan.

Wir spielten Spiele und hatten wirklich viel Spaß. Kurz vor Mitternacht gingen wir rüber, um alles für die Knallerei vorzubereiten. Währenddessen saß meine Tochter auf der Treppe und diskutierte mit Ihrem Bruder übers Handy. Das taten die beiden häufiger Mal (Geschwister eben :)). Auf einmal fiel über Ihr ein Bild von der Wand, niemand hatte es angefasst. Meine Tochter erschrak. Ich konnte nur dazu sagen: „Siehst du, eurer Opa möchte nicht, dass ihr streitet!"
Die beiden beendeten das Telefonat.

Nun wurde es 00.00 Uhr. Wir stießen mit der Nachbarin und deren Tochter auf das neue Jahr an. Das Schwerste war jetzt für mich, nun die erste Rakete zu zünden,- mit dem ganz persönlichen Gruß. Wir schauten in den Himmel und wünschten Ihm alles Gute für das neue Jahr. Natürlich tat auch dieses sehr weh, aber der

Zusammenhalt hat uns die Kraft gegeben, diese Hürde zu meistern.

Kurze Zeit später kamen auch noch ein paar weitere Nachbarn hinzu. Nachdem die Knallerei vorbei war, passierte wieder etwas sehr Außergewöhnliches. Es war in der Nacht sehr kalt, in Gedanken versunken blickte ich auf einmal nach oben zu den Dächern und schaute mir den Schornstein meiner Eltern an. Und siehe da, er qualmte. Ihr würdet jetzt bestimmt denken, was ist daran außergewöhnlich? – Ich gebe euch Recht, ich hätte im ersten Moment auch so gedacht. Ich schaute mir alle anderen Schornsteine an, drehte mich sogar um, um mir auch diese anzusehen. Keiner qualmte – nicht ein einziger!
Aber jetzt kommt das Putzige. Meine Eltern haben nicht mal einen Kamin! Ich war so verdattert und zeigte es meiner Mutter – sie sah es auch. Kurze Zeit später, wie wir so hochschauten, verschwand der Qualm auch wieder und kam nicht zurück. Ich fragte mich, warum habe ich überhaupt hochgeschaut? Es gab keinen Anlass. Sind wir mal ehrlich, Schornsteine sind ja nicht wirklich interessant. Da haben wir es wieder, dass Lenken der Gedanken. Er hat mich dazu bewegt, nach oben zu schauen,- ich hätte es sonst nicht gesehen.

Und wie ihr seht – es ist ihm gelungen. Danke Papa, dass Du uns wieder zur Seite gestanden hast :).

Am nächsten Tag startete ich einen neuen Anlauf und berichtete meiner Schwester davon. Ich merkte schon, sie war sich sehr unschlüssig. Während des Telefonats fragte Sie ihren Mann, worauf hin er nur sagte: „Es könnte auch von der Heizung kommen“. Aber als ich ihr erzählte, dass der Qualm verschwand, nachdem wir beide ihn gesehen hatten, wirkte sie doch sehr nachdenklich am Telefon.

Am folgenden Tag, fragte Sie in unsere What's-App-Gruppe, in der auch mein Vater war: „Und, was macht der Schornstein?“ Ich musste lachen und im Inneren freute ich mich so. Sie muss darüber nachgedacht haben und das finde ich großartig.

Ein kleines helles Licht am Ende des Tunnels.

Selbstverständlich schaute meine Mutter nach und wie zu erwarten, er qualmte nicht!

Ich weiß,- es ist sehr schwer zu glauben, dass nur ein Verstorbener so viele Zeichen schickt und sich so oft bemerkbar macht. Aber es ist alles wahrheitsgemäß so passiert. Für meinen Vater waren wir alle sein Leben, er liebte uns über alles. Gehen kam nie für ihn Frage. Wie ihr hier gelesen habt, besteht dieses auch nach dem Tod weiter. Wir alle haben instinktive Fähigkeiten die man auch als sechsten Sinn bezeichnen kann. Dieser wird verstärkt, wenn wir jemanden Geliebtes verlieren. Wenn etwas außergewöhnliches passiert, denken wir nach. Es ist der einfachste Weg, um uns Menschen zur Reaktion zu bringen.

Elektrische Phänomene

Man sagt Seelen sind reine Energie, sowie wie alles um uns herum. Es ist alles nur viel feinstofflicher.

Sie sind in der Lage z.B. Radios an- und auszumachen. So wie Lichter flackern zu lasen und noch vieles mehr. Ein Erlebnis mit dem Autoradio ist mir mal passiert.

Nach der Arbeit fuhr ich zu einem älteren Ehepaar, um dort im Haushalt zu helfen. Auf dem Weg dahin muss ich immer eine Bahnschranke überqueren. Wie sie oft, war diese geschlossen. Ich machte den Motor komplett aus. Da ich ziemlich k.o. war, erlaubte ich mir eine Zigarette. Mein Vater fand das gar nicht gut, wenn man im Auto rauchte. Ich schaute gedankenverloren aus dem Fenster und plötzlich ging das Autoradio an. Aber so laut, dass ich mich erschrocken habe. Ich wusste sofort, verdammt er hat es gesehen :)!

Ein Ding der Unmöglichkeit, der Wagen war komplett aus und das Radio ging einfach an.

Ihr seht nichts ist unmöglich.

Eine weitere Geschichte erlebte meine Mutter wieder. Sie machte sich zum Abendbrot kleine Schnitzelchen in Form von Dinosauriern. Wie jeden Abend, legte sie auf den Stubentisch zwei Platzdeckchen. Dazu stellte sie ein Glas. Des Weiteren lag dort immer die Fernbedienung des Fernsehers. Zappen ist Ihre Lieblingsbeschäftigung. Sie machte sich SAT 1 Gold an und schaute – Mord ist ihr Hobby. Eigentlich nicht so ihr Ding, aber scheinbar gab es nichts Besseres. Nach kurzer Zeit ging sie in die Küche, da sie etwas vergessen hatte.
Sie kam zurück und setzte sich wieder an den Tisch und schaute zum Fernseher. Aber auf einmal war dort etwas Anderes zu sehen. Im ersten Moment dachte sie sich: „Scheint wohl Werbung zu sein". Doch nach längerem Hinsehen, kam die Serie nicht wieder zurück. Sie nahm ihre Fernbedienung und schaute im Menü nach auf welchem Kanal sie sich befindet. Sie stellte fest, dass sie Super RTL anhatte und nicht den anderen Sender. Da lief gerade die Serie –Krass Schule. Ihr Gesicht hätte ich gerne gesehen :). Sie hat die Fernbedienung bis zu diesem Zeitpunkt nicht angefasst. Ich würde sagen, da hat sich jemand bemerkbar gemacht und mal kurzer Hand Störungen im Fernseher verursacht und dadurch einen anderen Sender angemacht. Zu schön – irgendwie

typisch für meinen Vater. Im Späße machen war er immer die Nummer 1 :).
Die Elektrizität scheint für unsere Liebsten etwas ganz Aufregendes zu sein. Wenn ich ehrlich bin, hätte ich auch meinen Spaß daran meine Hinterbliebenen bei Laune zu halten. Darum habe ich noch eine weitere Geschichte für euch.

Jeder der Kinder hat, weiß wie viel Stress man morgens hat. Sie kommen nicht aus dem Bett und Trödeln ohne Ende. Wie auch an einem Morgen, kam meine Tochter mal wieder nicht in die Pötte. Ich drängelte immer wieder und sagte ihr ich muss zur Arbeit. So ergab ein Wort das andere und wir gingen beide wütend aus der Wohnung. Meine Tochter voran. Bei uns im Treppenhaus muss man den Schalter manuell betätigen, damit das Licht ausgeht. Automatisch geht das nicht.

Mein Kind stand mit dem Rücken gelehnt am Auto und wartete auf mich. Ihr Blick war auf das Haus gerichtet. Ich machte das Licht wie gewohnt aus, schloss ab und ging zum Auto. In dem Moment sagte Sie zu mir: „Mama das Licht ist wieder angegangen“. Ich drehte mich um und konnte es nicht glauben, es war tatsächlich wieder an. Ich gebe zu, in dem Moment zweifelte ich an mir selbst: „Habe ich es doch vergessen?“ Ich packte die Sachen ins Auto und wollte zurück gehen, um das Licht auszumachen. In dem Moment erlosch es von selbst. Morgens um 7.00 Uhr, eigentlich schon schlecht gelaunt, und hier wird mit dem Licht gespielt :). Ich musste lachen und verstand die Botschaft. Mein Vater wollte nicht, dass wir uns streiten. Ich setzte mich ins Auto und erklärte meiner Tochter den neuen Hinweis von Ihrem Opa. Natürlich haben wir uns sofort wieder vertragen und fuhren los. Es ließ mir aber trotzdem keine Ruhe, denn ich wollte sicher gehen, dass ich es doch nicht vergessen hatte. Nach der Arbeit klingelte ich bei beiden Parteien im Haus und fragte ob jemand das Licht an- oder ausgemacht hatte. Beide verneinten dies. Perfekt,- nun war ich beruhigt, dass ich das Zeichen doch richtig verstanden hatte.

Fassen wir doch mal zusammen was wir bis jetzt kennengelernt haben.

1. **Duft -** wir erinnern uns gerne an den Duft, den ein Verstorbener zu Lebzeiten aufgetragen hatte.

In meinem Fall nahmen mein Sohn, meine Nichte und ich, das Parfüm meines Vaters wahr.

2. **Das Erscheinen als Tier** – Verstorbene sind in der Lage ein Tier zu leiten, es verhält sich ungewöhnlicher als sonst. Bei uns war es der Hund meiner Schwester. Wie ich schon berichtete waren mein Vater und Odie dicke Freunde.

3. **Objekte bewegen und an einen anderen Ort platzieren –** Sie legen uns gerne Gegenstände, und dergleichen, in den Weg, um uns zum Nachdenken zu bewegen. Meine Mutter fand viele weiße Federn an ungewöhnlichen Orten, sowie die Geschichte mit dem Glas auf dem Tisch und dem zweiten Teller.

4. **Träume – ein Traum -** Ein Traum ist eine wahre Manifestation**.** Er ist real und bleibt jahrelang in Erinnerung. Meine Schwester konnte sich am nächsten Morgen an alles erinnern. Gewöhnliche Träume vergisst man oft, viele sagen: „Ich weiß nicht mehr was ich geträumt habe."

5. **Gedanken ins unseren Kopf platzieren –** Sie dringen ein in unsere Gedanken und plötzlich folgen wir intuitiv und fragen uns dann oft, warum habe ich das jetzt so gemacht. Meine Mutter schaute einfach in die Kugel, obwohl sie gerade mit meiner Schwester in einer Unterhaltung steckte. Ich schaute mir den

Schornstein an, obwohl der eigentlich gar nicht interessant ist.

6. **Sie passen auf uns auf –** in jeglicher Form spüren wir das. Ob in Form eines Kribbelns, Wärme oder ganz viel Liebe. Unsere Augen sehen bei entspanntem Betrachten Funken, leichten weißen Nebel oder wie ich es bezeichnen würde, strahlende Punkte.

7. **Ungewöhnliche Spannungen –** oftmals flackern Lichter, wie z.B. Glühbirnen oder Kerzen. Es geschieht oft dann, wenn man an den Verstorbenen denkt oder über ihn spricht. Sie sind in der Lage Elektrizität und Licht zu stören. In meiner Geschichte war dies zum Beispiel das Durchknallen der Birnen bei meiner Mutter und bei meiner Tante. So wie bei mir das plötzliche angehen des Autoradios.

8. **Geistige Verbindung –** manchmal haben Verstorbene das dringende Bedürfnis uns vor etwas zu warnen oder uns etwas mitzueilen. Wie bei uns meine Fahrt in meinem Auto oder wie bei meinem Sohn.

9. **Wolken –** Verstorbene möchten uns gerne etwas sagen. Oft brauchen wir Trost und Hilfe. Dies kann in Wolken zu sehen sein. „Schaut ich bin da, habt keine Angst, es wird alles gut!“

Ihr seht, so viele Zeichen sind möglich. Eure Aufgabe ist es dem ganzem zu Vertrauen und offen zu werden. Gebt euren Geliebten die Chance, zu euch durchzudringen, um euch zu zeigen, dass sie noch da sind.

Die Liebe stirbt nie, sehnt euch nach ihr und sie wird kommen.

- DANKE -

Abschließend möchte ich noch einen Dank aussprechen. Als erstes möchte ich mit bei dem gesamten ***Kindle direct publishing Team von Amazon*** bedanken, die es mir ermöglichen dieses Buch zu veröffentlichen.

Des Weiteren möchte ich mich bei meiner ***gesamten Familie*** bedanken, für die vielen tollen Gespräche, für die außergewöhnliche Informationen, die mich dadurch auf die Idee gebracht haben, dies in einem Buch niederzuschreiben.

Ich bin sehr stolz auf jeden einzelnen. In der heutigen Zeit ist es nicht immer so selbstverständlich, so eine wunderbare Familie zu haben. Ich habe euch alle sehr lieb.

Lasst uns gemeinsam dieses Buch auf eine wunderbare Reise schicken.

Mein ganz besonderer Dank gilt **meinem Vater**. Er hat mir die Augen geöffnet, darum möchte ich ihm ein paar persönliche Worte widmen.

Lieber Papa,

ich möchte Dir einfach auf diesem Weg noch mal **DANKE** sagen:
DANKE für jeden Moment, den Du mir auch nach Deinem Tod schenkst.
DANKE, dass Du mich auf meinem Weg weiterhin unterstützt und begleitest und mich immer noch zu dem Menschen machst, der ich heute bin.
DANKE, dass Du mir immer noch zeigst, wie wichtig der Rückhalt und die Liebe zur Familie ist.
DANKE, dass Du mir die Augen geöffnet hast, dass Du nicht fort bist und immer noch mit mir verbunden bist.
DANKE für alles, was Du für mich getan hast.

Ich habe dich lieb!
In ewiger Liebe deine Tochter